MW01625625

Loi n° 49-956 du 16 juillet 1949
sur les publications destinées à la jeunesse.

ISBN : 978-2-09-253309-3
N° d'éditeur : 10179634
Dépôt légal : mai 2011
Imprimé en Italie

QUESTIONS RÉPONSES 4/6 ans

La danse

Texte de **Séverine Onfroy**
Illustrations de **Cécile Lechevallier**

Tous en tenue !

Souvent, les enfants commencent par apprendre la danse classique : c'est la base de beaucoup d'autres danses. Vite, le cours va bientôt commencer !

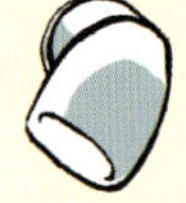

Pourquoi faut-il s'attacher les cheveux ?
Pour ne pas être gêné en dansant. Le chignon permet aussi de bien voir le visage et la nuque des danseuses.

Où se change-t-on ?
Dans un vestiaire. En général, les garçons sont séparés des filles.

À quel âge peut-on commencer la danse ?
Les élèves les plus jeunes ont 4 ou 5 ans, mais les adolescents et les adultes peuvent aussi prendre des cours…

La danse, ce n'est que pour les filles ?

Non. Il y a surtout des filles dans les cours, mais les garçons peuvent très bien danser aussi !

Comment s'habillent les garçons ?

Ils portent souvent des collants, un tee-shirt et des demi-pointes.

La tenue de danse

un cache-cœur

un justaucorps

une jupette

des collants

des demi-pointes

Cherche dans l'image !

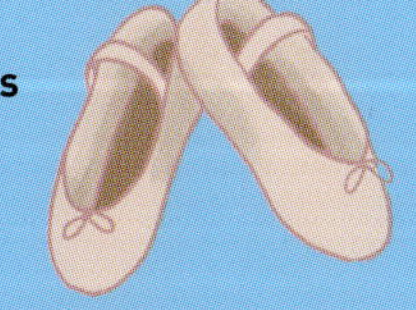

une chaussette

des collants

Le cours de danse

Dans la grande salle, les enfants se mettent en place à la barre pour commencer les exercices. Le professeur met la musique, et c'est parti !

Pourquoi y a-t-il un grand miroir ?
Pour que les élèves voient leurs erreurs et les rectifient.

Pourquoi les vêtements sont-ils moulants ?
Pour que le professeur puisse bien voir le corps des élèves et vérifier que leurs mouvements sont justes.

Qui est cette dame ?
C'est le professeur. Elle montre les exercices et corrige les élèves : « Tenez-vous droit ! » répète-t-elle. Quand elle était plus jeune, elle était danseuse !

À quoi servent les barres ?

À garder l'équilibre. Celle du bas est pour les enfants, celle du haut pour les plus grands.

Quelles sont les positions de base de la danse classique ?

Il en existe cinq : tous les mouvements partent de ces positions de base.

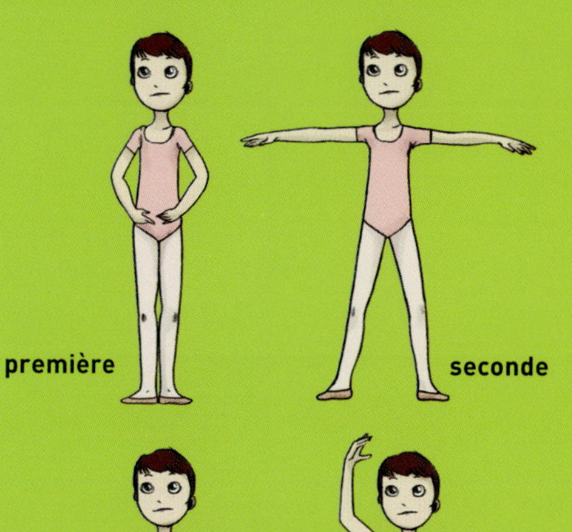

Cherche dans l'image !

un bracelet

une barrette

une chaîne stéréo

Sur quelle musique danse-t-on ?

Sur de la musique classique. Dans certains cours, un pianiste accompagne les danseurs mais, le plus souvent, le professeur met un CD.

L'école de danse

Pour devenir danseur professionnel, il faut commencer très jeune, puis s'inscrire dans une école de danse. Cela demande beaucoup de travail !

Qui sont les « petits rats de l'Opéra » ?
Ce sont les élèves de l'école de danse de l'Opéra de Paris. Autrefois, les répétitions se faisaient sous les toits de l'Opéra, et le trottinement des élèves rappelait celui des rats.

Comment appelle-t-on ce saut ?
Un grand jeté. Chaque saut porte un nom : le « saut de chat », la « sissonne », l'« entrechat »...

À quoi servent ces drôles de chaussettes ?

Ce sont des guêtres. On les utilise pour réchauffer les muscles au début du cours.

C'est quoi, des pointes ?

Ce sont des chaussons à bouts plats qui permettent de danser sur la pointe des pieds ! Une danseuse commence à travailler les pointes vers 12 ans.

Quel est l'emploi du temps des élèves ?

Souvent, ils dorment à l'école toute la semaine ! Et ils se lèvent tôt ! Ils dansent plusieurs heures par jour et suivent des cours de comédie, de musique... Ils ont aussi des cours de mathématiques et de français.

Comment fait-on le grand écart ?

Il faut s'étirer beaucoup pour devenir très souple.

Le ballet

Le lac des cygnes est un des ballets les plus célèbres. Il raconte l'histoire d'un prince, amoureux d'une princesse qui se transforme en cygne.

Qui sont les danseurs étoiles ?
Ce sont les meilleurs danseurs de l'Opéra, il n'y en a que quelques-uns. Ils jouent les personnages principaux dans les ballets.

Qu'est-ce qu'une ballerine ?
C'est une danseuse de ballet. On appelle l'ensemble des danseurs le « corps de ballet ».

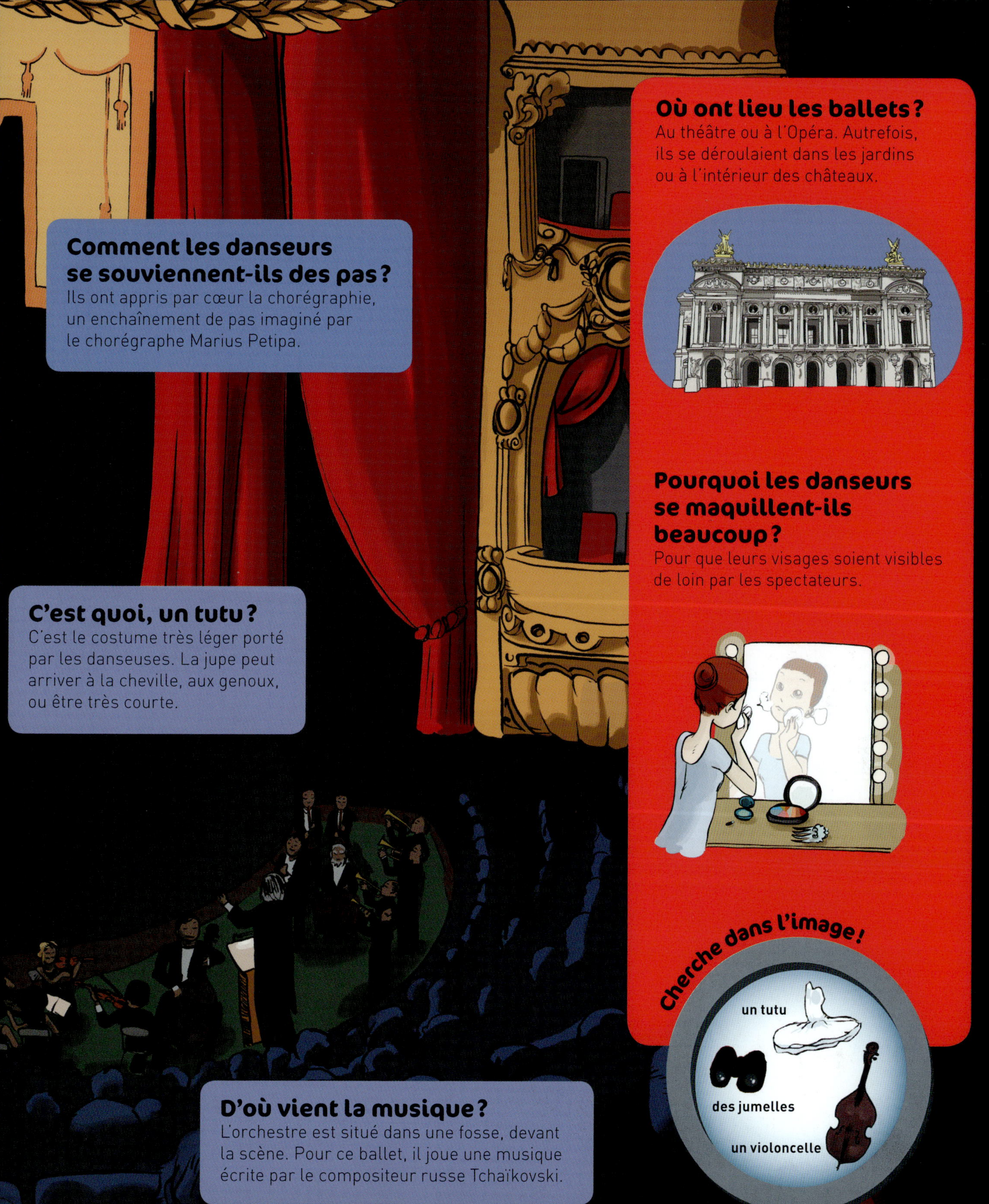

Comment les danseurs se souviennent-ils des pas ?
Ils ont appris par cœur la chorégraphie, un enchaînement de pas imaginé par le chorégraphe Marius Petipa.

C'est quoi, un tutu ?
C'est le costume très léger porté par les danseuses. La jupe peut arriver à la cheville, aux genoux, ou être très courte.

D'où vient la musique ?
L'orchestre est situé dans une fosse, devant la scène. Pour ce ballet, il joue une musique écrite par le compositeur russe Tchaïkovski.

Où ont lieu les ballets ?
Au théâtre ou à l'Opéra. Autrefois, ils se déroulaient dans les jardins ou à l'intérieur des châteaux.

Pourquoi les danseurs se maquillent-ils beaucoup ?
Pour que leurs visages soient visibles de loin par les spectateurs.

Cherche dans l'image !
un tutu
des jumelles
un violoncelle

La danse contemporaine

C'est une danse très libre. On y retrouve des mouvements de danse classique, indienne, africaine, ou de danses de rue…

Où est le décor ?

Il n'y en pas toujours. Parfois, les lumières suffisent à créer une ambiance triste ou gaie. Un film projeté sur un écran peut servir de décor.

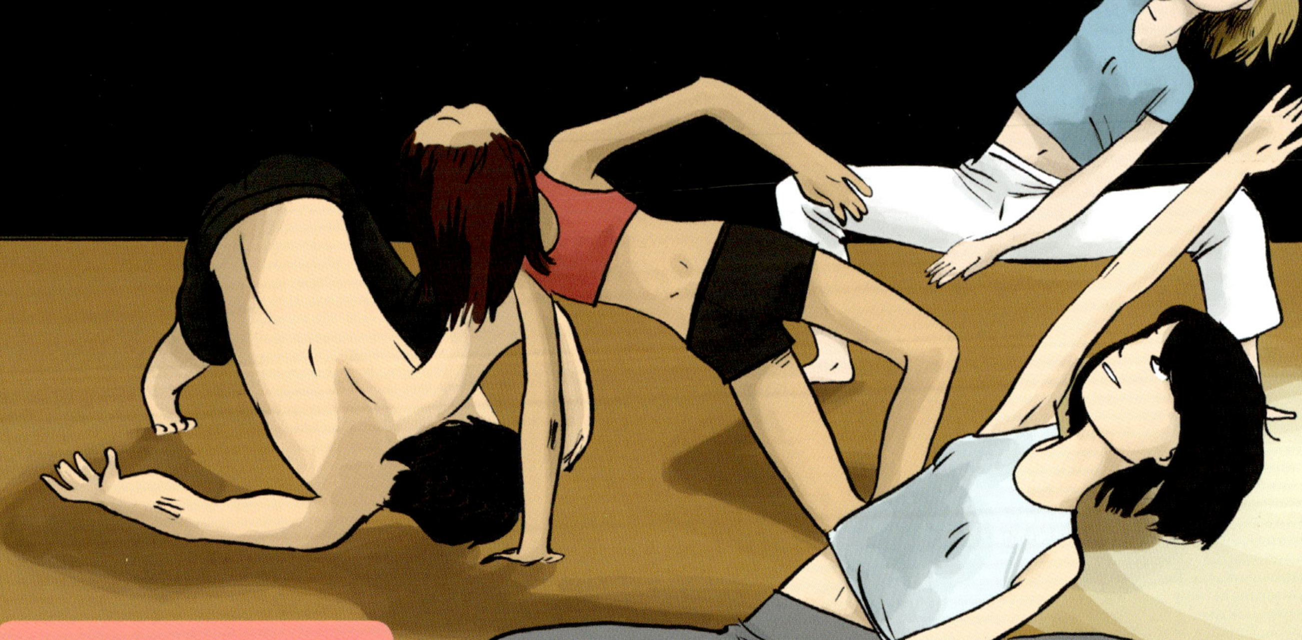

Cet homme est-il tombé ?

Oui, mais il l'a fait exprès ! Les danseurs sont souvent au sol : ils peuvent s'asseoir, s'allonger ou même se rouler par terre.

Comment se coiffent les danseuses ?

Les coiffures sont libres. Les danseuses peuvent laisser leurs cheveux détachés pour qu'ils bougent en suivant leurs mouvements.

Quels vêtements porte-t-on ?

Des costumes souples, souvent unis, qui laissent voir les muscles du corps et mettent en valeur les mouvements. Les danseurs sont souvent pieds nus.

Peut-on danser sur la glace ?

Oui, quand on fait du patinage artistique : on patine au rythme de la musique, on fait des pirouettes…

C'est quoi, la natation synchronisée ?

C'est une sorte de ballet sous l'eau. Les nageuses dansent en suivant la musique qu'elles entendent grâce à des haut-parleurs placés au fond de la piscine.

Cherche dans l'image !

La danse hip-hop

Cette danse est née à New York dans les années 70, chez les jeunes des quartiers pauvres. Les danseurs font des démonstrations dans la rue !

Faut-il être acrobate ?

Oui ! Les danseurs réalisent des figures au sol, souvent difficiles. Pour y arriver, ils se musclent et s'entraînent beaucoup.

Leurs vêtements sont-ils larges ?

Oui. Parce que le hip-hop, c'est aussi une façon de s'habiller : un tee-shirt, un short long ou un pantalon large et une paire de baskets.

Comment appelle-t-on cette figure ?

La « coupole ». Le danseur tourne sur le dos comme une toupie. Ce sont les mouvements de ses jambes qui entraînent son corps.

Que font les gens autour ?

Ils observent le spectacle ! Il y a aussi des danseurs qui attendent leur tour pour danser.

Qu'est-ce que la danse modern' jazz ?

C'est un mélange de chorégraphies modernes et de jazz. On peut y retrouver quelques attitudes hip-hop. Les danseurs improvisent parfois des pas !

À quoi servent les clips ?

À illustrer des chansons, parfois avec de la danse, car musique et danse vont souvent ensemble !

Cherche dans l'image !

un sac

une casquette

un CD

C'est quoi, une *battle* ?

Une compétition qui oppose des troupes de danseurs. Ils sont jugés sur la vitesse de leurs enchaînements et l'originalité de leurs figures.

Le rock acrobatique

Cette danse est très impressionnante : les couples réalisent des acrobaties incroyables ! Comme en sport, ils s'affrontent au cours de compétitions.

Que font les juges ?
Ils observent les danseurs et donnent des notes à chaque couple. Celui qui a la meilleure note gagne la compétition.

Quelles tenues portent-ils ?
Les partenaires ont des costumes assortis, colorés ou pailletés pour attirer l'œil des juges.

Sur quoi les danseurs sont-ils notés ?
Sur l'originalité de leur chorégraphie, leur sens du rythme, la difficulté des acrobaties... Ils sont aussi jugés sur leurs costumes et leur musique.

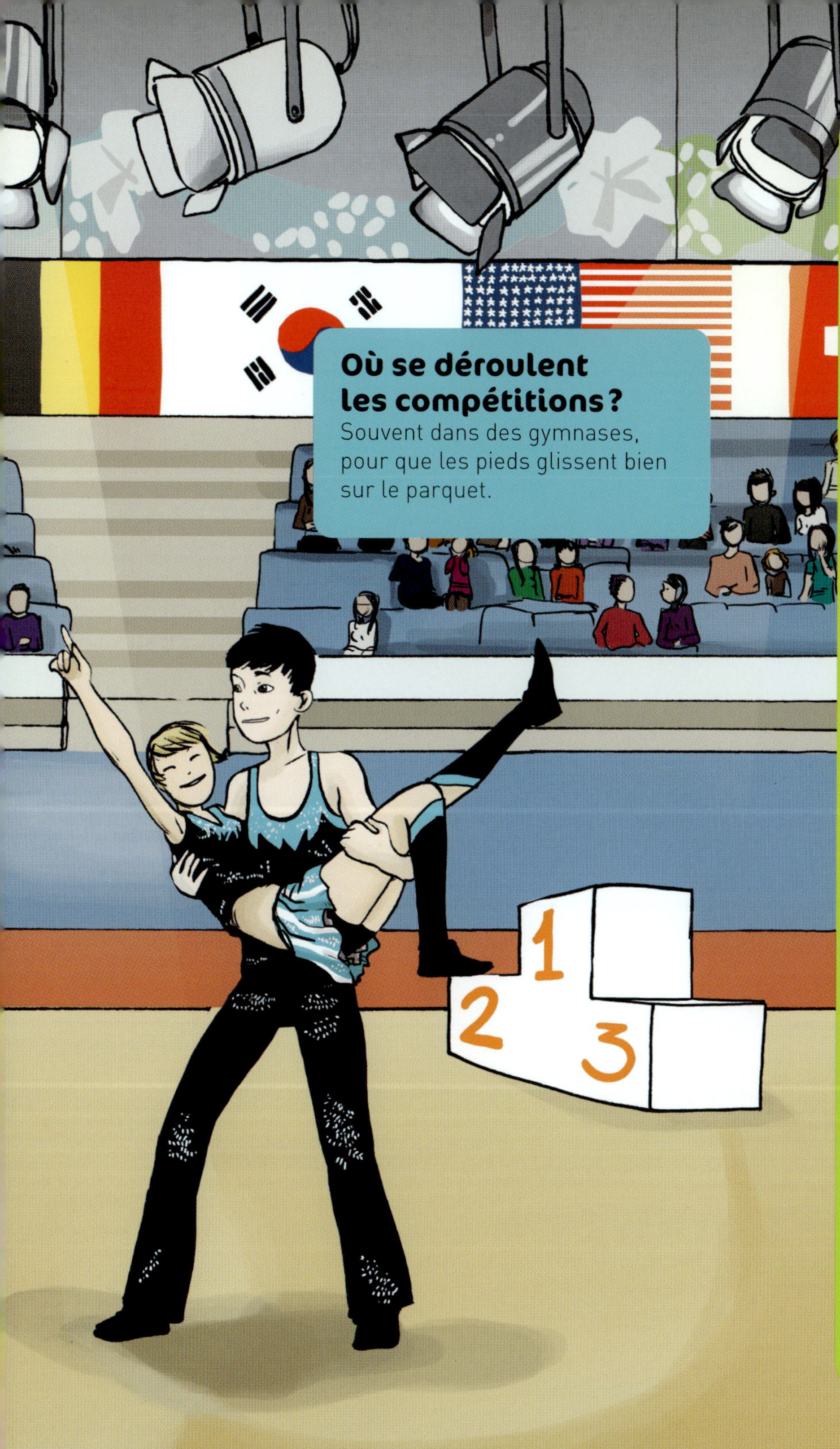

Où se déroulent les compétitions ?

Souvent dans des gymnases, pour que les pieds glissent bien sur le parquet.

Comment danse-t-on la valse ?

C'est une danse à trois temps : 1, 2, 3… 1, 2, 3… Le couple se déplace sur la piste en tournant sur lui-même.

C'est quoi, le tango ?

C'est une danse venue d'Amérique latine qui raconte une histoire d'amour. On a parfois l'impression que les jambes des danseurs s'entremêlent.

Cette danse est-elle dangereuse ?

Les danseuses font des saltos, des vrilles, des plongeons en piqué… Elles s'élèvent parfois jusqu'à 5 mètres au-dessus du sol ! Mais les accidents sont rares.

Le flamenco

Cette danse espagnole se pratique au son du chant et de la guitare. À la fois énergique et délicate, vive et douce, elle parle d'amour.

Comment joue-t-on de cette guitare ?
Le musicien pince et gratte les cordes. Il lui arrive aussi de frapper la caisse en bois comme si c'était un tambour !

Pourquoi tape-t-on dans les mains ?
Le flamenco est parfois accompagné par des claquements de doigts, des frappements de mains et des cris.

C'est quoi, le *zapateado* ?
Un mouvement du danseur : il tape le sol avec son pied pour défier la danseuse.

À quoi sert cet éventail ?

La danseuse le plie et le déplie pour mettre en valeur les mouvements de ses mains.

Comment utilise-t-on les castagnettes ?

On les tient dans les mains, qu'on ouvre et qu'on ferme pour que les deux parties se cognent l'une contre l'autre.

D'où vient le flamenco ?

On dit que les Gitans en sont à l'origine. Ce peuple, parti d'Inde, est venu s'installer dans le sud de l'Espagne. À travers le chant, la guitare et la danse, ils expriment leurs souffrances et leurs joies.

Cherche dans l'image !

Quel costume porte la danseuse ?

Une grande jupe colorée à volants, avec laquelle elle joue ! Le tissu tourne en suivant les mouvements.

La danse africaine

En Afrique, la danse a une place très importante. Elle permet d'exprimer des émotions très différentes comme la joie, la tristesse ou la colère...

Pourquoi portent-ils des masques ?
Les masques sont essentiels dans les danses traditionnelles. Ils sont sculptés dans du bois et parfois peints de couleurs vives.

Comment appelle-t-on ces instruments ?
Des « djembés » : ce sont des sortes de tambours. Les percussionnistes les frappent avec les mains pour donner le rythme aux danseurs !

Est-ce une danse difficile ?

Oui ! Les hommes font des acrobaties et des sauts. Les femmes bougent beaucoup les hanches. C'est une danse très énergique !

Que signifient ces gestes ?

Les danseurs miment les gestes de la vie de tous les jours : semer des graines, pagayer, chasser, pêcher... Ils imitent aussi les animaux.

Comment danse-t-on ?

Les genoux sont fléchis et le dos penché en avant. Cette danse se pratique pieds nus.

Pourquoi danse-t-on lors des cérémonies ?

La danse est souvent signe de fête. Dans presque tous les pays, elle accompagne les grands événements de la vie, comme les naissances, les mariages, parfois même les enterrements !

un mariage en Inde

À quoi ressemble la danse orientale ?

Les danseuses sont très gracieuses : on a l'impression que leurs corps et leurs bras ondulent !

Cherche dans l'image !

La danse balinaise

Bali est une île d'Indonésie, en Asie. La danse fait partie de la vie quotidienne de ses habitants. Dans leur religion, c'est une façon d'honorer les dieux.

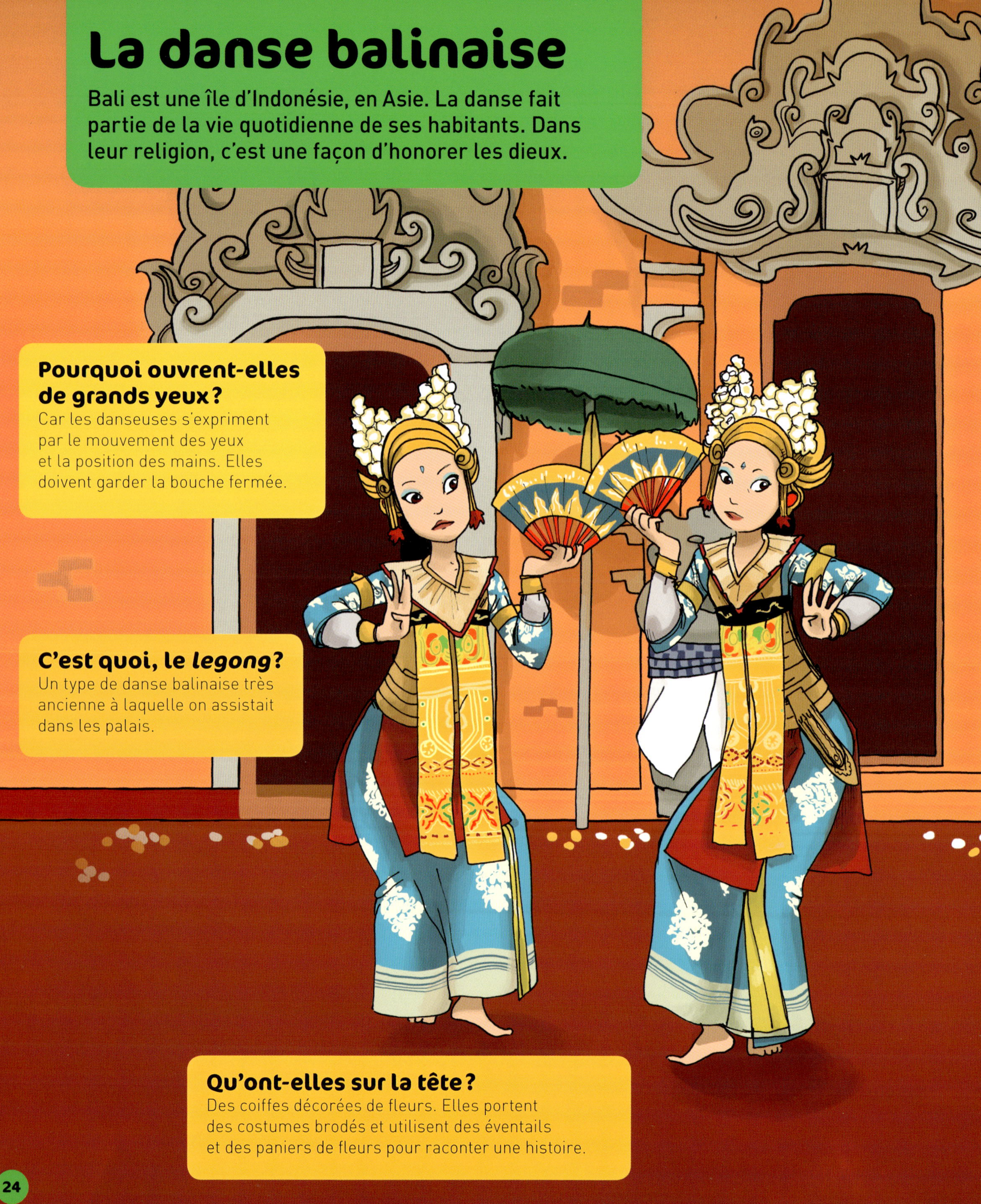

Pourquoi ouvrent-elles de grands yeux ?
Car les danseuses s'expriment par le mouvement des yeux et la position des mains. Elles doivent garder la bouche fermée.

C'est quoi, le *legong* ?
Un type de danse balinaise très ancienne à laquelle on assistait dans les palais.

Qu'ont-elles sur la tête ?
Des coiffes décorées de fleurs. Elles portent des costumes brodés et utilisent des éventails et des paniers de fleurs pour raconter une histoire.

Que racontent ces danses ?

Elles sont souvent inspirées d'anciens poèmes indiens et de récits historiques ou mythologiques d'Indonésie.

De quels instruments se compose l'orchestre ?

Surtout d'instruments à percussions, comme le gong. C'est une grosse plaque de métal sur laquelle on frappe.

Qu'est-ce que c'est, la danse du dragon ?

C'est une danse qui célèbre le Nouvel An chinois. Dans la tradition, elle éloigne les mauvais esprits et apporte le bonheur et la chance. Une dizaine de danseurs portent un immense dragon de tissu qui monte, descend, s'enroule et se déroule.

Cherche dans l'image !

La danse country

Au XIXe siècle, des Irlandais, des Français ou encore des Polonais sont venus s'installer aux États-Unis. La country est née du mélange de leurs danses.

Pourquoi cet homme crie-t-il ?
« Yeeehaaa ! » C'est le cri que poussent les cow-boys pour rassembler le troupeau.

Pourquoi les danseurs sont-ils habillés en cow-boys ?
Après une dure journée, les gardiens de troupeaux dansaient la country dans les bals. Les danseurs ont adopté leurs bottes et leurs chapeaux !

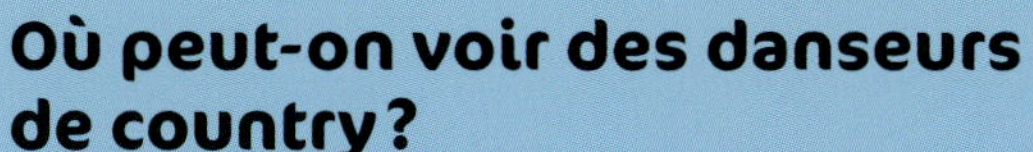

Où peut-on voir des danseurs de country ?
Cette danse est apparue aux États-Unis, mais aujourd'hui on peut la danser presque partout dans le monde.

Quel genre de musique joue l'orchestre ?
Une musique énergique ! Violon, banjo, harmonica... ces instruments accompagnent des chants joyeux, des sifflets et des cris.

Quels sont les pas de danse ?
Les danseurs tapent le sol du pied, tournent sur eux-mêmes, soulèvent leurs chapeaux... tous en même temps !

À quoi ressemble la danse russe ?
C'est une danse très dynamique ! Les hommes font des sauts spectaculaires, les femmes tournent sur elles-mêmes. La musique est entraînante, elle est accompagnée de cris et de sifflements.

Qu'est-ce que le sirtaki ?
C'est une danse de groupe d'origine grecque. Elle se danse avec les mains sur les épaules de ses voisins.

Cherche dans l'image !

Le sais-tu ?

De quel pays vient la samba ?

C'est la danse du Brésil. Pendant le carnaval de Rio, les danseurs des écoles de samba défilent en chantant et en dansant, vêtus de magnifiques costumes.

À quoi sert la danse de la pluie ?

À appeler la pluie dans les pays où il fait très chaud. Elle était réalisée par certains Indiens d'Amérique. Mais en réalité, ça ne marche pas vraiment !

De quand date la danse ?

De la préhistoire ! On pense que les hommes dansaient pour mimer une scène de chasse ou pour imiter les animaux qu'ils voulaient capturer.

D'où vient le son des claquettes ?

Des fers fixés sous le talon et la pointe des chaussures. Les danseurs frappent du pied, glissent, sautent... Ainsi, ils deviennent musiciens !

La danse peut-elle guérir ?

On ne sait pas vraiment... Chez les Indiens, des prêtres qu'on appelle des *chamans* dansent en tournoyant pour communiquer avec les esprits de la nature, dans l'espoir de guérir les souffrances des gens du village.

Pourquoi le français est-il la langue utilisée en danse classique ?

Parce que les premiers danseurs professionnels sont apparus en France, à la cour de Louis XIV. Ce roi était passionné de danse : c'est lui qui a créé la première école : l'Académie Royale de la danse, qui deviendra l'Opéra. Il a lui-même dansé dans 21 ballets !